Bibliografische Information der Deutschen Nationalbibliothek:

Die Deutsche Bibliothek verzeichnet diese Publikation in der Deutschen National-
bibliografie; detaillierte bibliografische Daten sind im Internet über http://dnb.d-
nb.de/ abrufbar.

Impressum:

Copyright © 2015 GRIN Verlag, Open Publishing GmbH
Druck und Bindung: Books on Demand GmbH, Norderstedt Germany
ISBN: 978-3-668-10910-0

Dieses Buch bei GRIN:

http://www.grin.com/de/e-book/311883/hilbert-meyers-schulpaedagogik-band-1-
zusammenfassung-der-kapitel-6

Juliane Richter

Hilbert Meyers "Schulpädagogik: Band 1". Zusammenfassung der Kapitel 6 bis 8

GRIN Verlag

GRIN - Your knowledge has value

Hilbert Meyer: Schulpädagogik: Band I – Für Anfänger

Inhaltsverzeichnis

Kapitel 6: Was leistet Schulpädagogik?

1. „Grau, teurer Freund, ist alle Theorie"? (S. 203)

1.1 Einführung

- Schulpädagogik als Gegenstand der Wissenschaftstheorie →Beschäftigung führt zur kritischen Bewertung von anderen Texten und dem selbstkritischen Blick auf eigene Texte
- These 6.1: Menschliche Erkenntnis ist an hermeneutisch-vermitteltes Vorwissen gebunden und interessengeleitet! → somit keine klare Trennung von wissenschaftlichen und nicht-wissenschaftlichen Aussagen nach Kriterien der Objektivität oder Art der Erkenntnisgewinnung
- These 6.2: Jeder Mensch ist zu wissenschaftlichen Aussagen fähig! → es zählt nur *Stimmigkeit, Begründetheit und Überprüfbarkeit*
- These 6.3: Wer wissenschaftlich arbeiten will, muss sein Vorverständnis offen legen und plausibel machen, wie er zu seinen Ergebnissen gekommen ist! → Empiriegedanke

1.2 Forschungsstand

- These 6.4: **Das Thema Schule ist heute nur noch interdisziplinär zu erfassen!**
  → Forschungsfelder z.b.: Geschichtswissenschaft, Psychologie, Sozialisationsforschung,, System- und Gesellschaftstheorie, Anthropologie, Rechtswissenschaft
- Pluralität für zu Problemen, da zwar alle den gleichen Gegenstand Schule haben, aber in unterschiedliche Richtungen gehen (auch unterschiedliche Sprache und Perspektiven...)

1.3 Notwendigkeit einheimischer Begriffe

- Pädagogischer Blick auf Bedingung und Sinn von Schule notwendig und kein soziologischer, ökonomischer oder juristischer (um der Schule willen)
- Ureigene Begriffe der Pädagogik wie Erzieher, Unterricht, etc. zur Verständigung und Abgrenzung notwendig

2. Begriffsklärungen

Schulpädagogik

„Schulpädagogik ist die Theorie und Praxis der Entwicklung und Reflexion wissenschaftlicher Konzepte zur Gestaltung von Schulleben und Unterricht" (Hilbert Meyer)

- Theorie und Praxis wird verbunden, weil Pädagogik eine Handlungswissenschaft ist →Theoriegebäude von Wissenschaftlern somit Teil, aber auch Schulgestaltung von Praktikern im Schulalltag
- Schulpädagogische Aussagen entweder: *beschreibend(deskriptiv-analytische), wertsetzend (normativ) oder spekulativ* →auch Kombis möglich
- Schulpäd. als *Entwicklungswissenschaft* → will voranbringen und Schulalltag „attraktiv" machen
- Liefert daher Konzepte, die auf ihre Standardfähigkeit im Bereich wissenschaftlicher Theorie zu überprüfen sind

- Diese Konzepte werden reflektiert
- Schulpädagogik nur Teildisziplin der Erziehungswissenschaft
- Unterteilt in Theorie der Schule, des Lehrplans und Didaktik (nach Dietrich 1992)

2.1 Schulpädagogik oder Theorie der Schule?

- Schultheorien grundlagenorientiert → versuchen Leistungen der Schule als Institution für die Gesellschaft zu klären = systematische Analyse von Geschichte, Auftrag, etc.
- Schulpädagogik ist eher praxisorientiert/pragmatisch →ZIEL: wollen handlungsorientierte Anleitungen zur Gestaltung des Schul- und Unterrichtsbetriebes geben
- Schulpädagogik wissenschaftlich nur seriös wenn Schultheorie die Grundlage bildet
- Was leistet SP? →These 6.6: **Schulpädagogik bringt Bewusstheit und Ordnung in unser Handeln und hilft gegen Denkverbote, die durch unreflektierte Erfahrungen im Hinterkopfe entstanden sind.**

2.2 Schulpädagogik als Handlungswissenschaft

- Keine Theorie kann Denken, Handeln und Fühlen in konkreten pädagogischen Situationen abnehmen →nur Deutungsangebote
- Aber: gute Theorie ist praktisch!
- These 6.7: *Der Sinn von Schule und Unterricht liegt nicht vor. Er muss von LehrerInnen und SchülerInnen gemeinsam erarbeitet werden*
- Verbindung zwischen Theorie und Praxis in der Schule als pädagogischer Takt zu verstehen, der zwischen beiden vermittelt und jedes Mal anders wichtet →Wissenschaft hilft hier diese Kunst der Gewichtung mittels eines Grundgerüstes an Theorie besser zu verstehen, aber nur durch praktische Erfahrung vollendet
- Jeder, der die Kunst versteht, hat Erfolg im Schulalltag
- ZIEL der Schule: **Unterrichtung & Erziehung Heranwachsender unter menschenwürdigen Bedingungen** →Komponenten dabei: Gelände (=Schule/Institution), Karte(=Handlungsrepertoire aus Methoden, Organisationformen, etc.) und Kompass (Liebe der Lehrkräfte für Schüler und Respekt dieser vor der Leistung der Lehrer) →These 6.7: *schlechte SP sagt, wo es langgeht – gute lehr, den Weg selbst zu finden*

(s. Abb. 6.3 „Schulpädagogisches Handeln als Kunst")

3. Ebenen schulpädagogischer Reflexion

(s. S. 216 & 217; Abb. 6.4 Ebenen schulpädagogischer Reflexion I" f.)

3.1 Vier Reflexionsebenen (=Erklärung der Abbildungen)

Schulwirklichkeit: alles real Existierende im Schulalltag (Lehrer & Schüler mit Gedanken, Gefühlen, etc., Gebäude, Traditionen, Gesetze/Richtlinien, Beziehung der Schule zum gesellschaftl. Umfeld)

1. Ebene: stellt subjektive Theorien der PraktikerInnen und pädagogischen Ethos derer und der Schule dar

2. Ebene: = Schulpädagogik als Handlungswissenschaft (Verknüpfung von theoretischen Wissen mit der Praxis durch das Subjekt)

3. Ebene: Schulische Leitbilder und Kritik an diesen (beinhaltet realisierbare Vorstellungen und Schulutopien)

4. Ebene: Schule als Ganzes begreifen, hier wird ein historisch, systematisch und empirisch aufgeklärtes Selbstverständnis von Schule entwickelt

Subjektebene: hier wird deutlich, dass Schule von Menschen gemacht wird und nicht von Verhältnissen bestimmt wird

Systemebene: allein personenzentrierte Sich auf Schule reicht nicht aus, sodass hier die fehlenden Problematiken wie Rolle der Schule in der Gesellschaft aufgemacht werden

→ Reflexion aller Ebenen findet auf Metaebene und damit von außerhalb statt

3.2 Subjektive Theorien

- Zwei „Aggregatzustände" von Theorie: 1. Alltagstheorie, die durch eigenen Schulbesuch eine differenzierte Schulpädagogik gebildet hat 2. Wissenschaftliche Theorien
- Subjektive und wissenschaftl. Theorien ähnlich, aber nicht identisch →subejektiven Theorien fehlt Kritikfähigkeit und Bewusstsein, dass diese eine Theorie sind
- Subjektive Theorien haben Selbstverstärker, der sie gegen Kritik immunisiert (was Personen für wirklich halten, hat reale Konsequenzen)
- Vielen Praktikern mangelt es daran ihre Theorie als Theorie zu rekonstruieren und sie somit kritische zu hinterfragen →wird erst dann zur Theorie

3.3 Wahrheitstheorien

- Annahme, dass alle zufrieden wären, wenn jeder seine eigene Wahrheit habe und damit für sich Recht, ist nicht tragbar, denn das menschliche Zusammenleben würde dann scheitern
- Subjektive Urteile müssen auf objektiven Gehalt überprüft werden, um auszumachen wer mehr Rech hat →an diesem wissenschaftl. Diskurs messen sich subjektive Urteile
- Abkehr von Spekulation über objektive Welt hinter unserer Wahrnehmung, sondern Bedingungen für Wahrheitssuche erfüllen um bei Historizität und Subjektgebundenheit möglichst objektiv zu sein versuchen → 3 Stück = Argumente pro und contra im

herrschaftsfreien Raum austauschen, Methoden der Ergebnisfindung offen legen, hilfreiche
Theorien vorziehen

4. Theorie und Praxis

4.1 Theorie-Praxis-Verhältnis

- B-def.: **Theorie** ist der Entwurf von Wirklichkeit um Welt zu verstehen und
  Handlungsperspektiven zu entwickeln
- **Praxis** = alles, wo Menschen schöpferisch oder reproduzierend tätig sind; setzt
  selbstständiges Handeln voraus

3 Verhältnistheorien

Dialektische Ansätze	Geisteswissenschaftl.-hermeneutische Ansätze	Empirisch-analytische Ansätze
➢ Denken in Widersprüchen ➢ Bringen das Denken voran ➢ Bewusstsein durch Sein bestimmt	➢ Erkenntnis kommt aus Deutung der L-welt ➢ Immer an Vorverständnis & Sprache des Deuters gebunden	➢ Erforschen gesetzmäßige Zsh. In der Wirklichkeit →liefern Erklärung von Geschehenem und ermöglichen Prognosen ➢ Ohne eigene Werturteile! ➢ Radikal = kritischer Rationalismus
→keine Integration von Theorie & Praxis, Theorie kritisiert nur Unvollkommenheit der Praxis	→ Praxis durch Theorie bewusster gemacht, daher Bezug der T. auf P. (päd. Takt)	→ Theorie aus praktischen Erfahrungen möglichst präzise erforschen, um daraus Prognosen & Technologien zu Entwickeln

- Hermeneutische Position hier durch Praxisbezug und historische Dimension am
  leistungsstärksten
- Hermeneutischer einen Kritikpunkt = keine radikale Kritik des Bestehenden, weil sie die
  Dignität der Praxis würdigt, Hermeneutik steht in demselben Traditionszsh., den er deutet
- These 6.13: *Theorie ist nicht Richterin, sondern – wenn es gut geht – kritische Freundin der
  Praxis*

4.2 Ebenenvernetzung

- Jede Ebene der schulischen Reflexion hat unterschiedliche Erkenntnisinteressen (z.B.
  PraktikerInnen lehnen Theorieangebote der anderen ab)
- Vernetzung muss das Ziel sein → erst diese hilft die spezifischen Stärken der
  Reflexionsebenen zu erkennen und nicht betriebsblind(praxis) oder abgehoben zu werden
  (Theorie)
- Vernetztes Denken, das zur Lösung praktischer Aufgaben beiträgt soll anstatt einer
  herkömmlichen Hierarchisierung treten

4.3 Schulleitbilder

- Bezeichnen die Idee von Schule, die einzelne Akteurer im Verlaufe ihrer Schüler- der Berufssozialisation entwickeln oder die sich die Schule selbst setzt
- Sind inhaltlich bestimmte Gesamtentwürfe
- Sind normativ → sollen aber nicht einengen, sondern Raum für Fantasien freisetzen
- Können kein konkretes Handeln vorgeben, sind nur abstrakte Ideen
- Beispiele: „T.E.A.M-Schule", „Haus des Lernens", „Projekt- und Praxisschule"
- 2 Typen: auf Schulautonomie ausgelegt & Konsolidierung durch Aufgabenreduzierung

4.4 Schulutopien

- Utopien leben von der Spannung zwischen Gegenwart und Zukunft, der Kritik am Bestehenden und dem Entwurf einer besseren Welt
- Bildung oft als Instrument für die Überwindung der Missstände herangezogen worden
- Viele politisch-soziale Utopien daher im Kern Erziehungsutopien
- Erste von Rousseau 1762(*Emile ou de l'Education*): Mensch soll pädagogischen Situationen lernen, sich seines Verstandes ohne Anleitung anderer zu bedienen (initiiert von einem Erzieher, der im Hintergrund/ „off" bleibt)
- Credo Rousseaus: Ziel der Erziehung muss die Beförderung zur Selbstständigkeit des Erziehenden sein und nicht nur die Zurichtung auf ein Menschheitsideal
- Rousseau erklärt normative Didaktiken für unsinnig (gibt es bis heute)
- Utopien müssen konkret sein, um etwas bewirken zu können →müssen sich mit erziehungswissenschaftl. Theorien legitimieren lassen
- **Definitionsthese:** pädagogische Utopie ist die konkrete Beschreibung einer gewünschten, aber nicht erreichbaren pädagogischen Wirklichkeit

4.5 Schultheorien

- Müssen Frage beantworten, ob Schule als Institution pädagogisch legitimiert werden kann
- Benötigen Distanz aufs untersuchte Objekt
- Schauen von außen aufs Innere →Schulpädagogen machen es anders herum

- Frage nach Legitimierung kann nicht einfach normativ gesetzt werden → kritische Analyse der gesellschaftlichen Funktionen von Schule, der pädagogischen Qualität der Lehrpläne und der in der Schule gegebenen oder fehlenden Handlungsspielräume für ein Leben, Lernen und Arbeiten n Menschenwürde theoretisch erarbeitet werden

(s. Abb. 6.8 „Schultheorien im Überblick" auf S. 233)

4.6 Schul- und Schulentwicklungsforschung

- Seit Ende des 20.Jh. breite empirisch-analytisch orientierte und qualitative Forschung zu dieser Richtung
- Kaum ein Thema dabei ausgelassen
- Nach den Reflexionsebenen:
  - o **Nullebene:** größter Teil hier, sogenannte „Schul- und Unterrichtsforschung"
  - o **Erste Ebene:** hier beispielsweise Forschungen zur Schülerinnensicht, über Expertenwissen von Lehrern und Schulbiografen
  - o **Zweite Ebene:** hier kaum empirische Forschung zur Entstehung, Qualität und Weiterentwicklung der in der Lehrerbildung eingesetzten Schulpädagogiken
  - o **Dritte Ebene:** hier viele geistesgeschichtl. Rekonstruktionen zu Leitbildern und Schulmodellen der Reformpädagogik, Systematisierungen des aktuellen Diskussionsstandes fehlen
  - o **Vierte Ebene:** empirische Wende in der Erziehungswissenschaft(60er) führte auch zu Umdenken in der SP →Schule im realen, politisch-ökonomischen Prozess wurde Thema
- Zwischen schulischen Leitbildern (3.Ebene) und der Schulwirklichkeit vermitten die *Schulentwicklungskonzepte* (haben nun auch eigene Forschung)
- Sonderfall *Lehrerforschung*: leitet auf Grundlage von Aktionforschungskonzepten dazu an, die eigene Praxis zu erforschen und weiterzuentwickeln→hier vernetzen sich die Ebenen (0+1+2 & manchmal auch +3+4)
- Schwierig zu seriösen empirischen Forschungsergebnissen zu gelangen, weil es unendliche viele Wirkungsfaktoren gibt und wir nicht experimentieren können aus moralischen Gründen
- **Erkenntnis** (schon durch Herbart 1806): selbstgemachte Erfahrung der Lehrer auch heute noch die wichtigste Größe bei der Steuerung ihres Handelns →müssen aber mit dem Verstand kritisch durchleuchtet werden und in taktvolles Handeln umgeändert werden
  → **Erfahrungen ohne Theorie sind blind. Theorien ohne Erfahrung sind leer.**

Exkurs: Zur Unterscheidung von deskriptiven und normativen Aussagen

- Deskriptiv = beschreibende Aussagen, die wissenschaftlich fundiert sind
- Normativ = wertende Aussagen, die individuell oder im hist. Kontext plausibel gemacht werden können aber nicht wissenschaftlich begründet

Deskriptive Aussagen	Normative Aussagen
können in *beschreibende* und *erklärende* Sätze unterschieden werden	Enthält Bewertung eines Sachverhalts, egal welcher Art, auch zwei Typen....
Beschreibung fußt auf Beobachtung →3 Typen: ganzheitlich-intuitiv, qualitativ oder streng quantifizierend	Sollenaussagen: gewünschter Zustand wird beschrieben
Erklärung zielt auf Ursachenbenennung und damit Formulierung/Überprüfung einer Gesetzmäßigkeit ab→kaum möglich in Päd.	Beurteilungen: werden nach mehr oder weniger genau definiertem Kriterium aufgestellt (schön/hässlich, bevorzugt/benachteiligt)
	Annahmen werden aus Selbstverständnis heraus gemacht

- Normative Aussagen prinzipiell nicht empirisch belegbar, aber erforschbar wer welche Normen für gültig hält

- Ob sie es sind, kann der normative Diskurs ergeben
- Problem der empirischen Forschung und deren Nutzung in der Schulpädagogik besteht darin, dass ein extreme Vermischung von deskriptiven und normativen Aussagen in der Wissenschaftslandschaft zur Gestaltung von Schule stattfindet
  - Beispiel: „deutlich benachteiligt" bei einer Aussage über das Drannehmverhältnis zwischen Jungen und Mädchen in einer Stunde →enthält Bewertung und Tatsachenkern
- Quintessenz!: **Der erste Schritt zur konstruktiven Kritik ist die Unterscheidung von Wunsch und Wirklichkeit**
- Vorverständnis und Intention (Subjektgebundheit) muss beachtet werden (geisteswissenschaftl-hermeneutischer Einfluss) →man kann sich davon nicht lösen →intendiert Akzeptanz „vernünftiger" normativer Aussagen, darf aber kein Freibrief sein
- Beschreiben wichtig, aber in Pädagogik auch Interesse auf Zusammenhänge zwischen Tatbeständen aus denen man *gesetzmäßige Beziehungen* erforschen kann (zwei Typen von solchen Gesetzen: 1. Deterministische Gesetzesaussagen→immer gültig, 2. Statistische Gesetzesaussagen→lassen gewisse Ausnahmen zu)
- Gesetzmäßige Aussagen in Sozialwissenschaften sehr schwer seriös nachweisbar
- Keine *Monokausalität* in der schulpädagogischen Forschung aufgrund der Beteiligung von Individuen, viele Ursachen und Wirkungen
- Besser von Faktorenkomplexion, als von der Ursache zu sprechen

Kapitel 7: Eine Theorie schulischen Handelns (S. 247ff.)

- Im Kapitel werden Handlungsfelder/ -ebenen in der Schule erläutert
- Nähe zu Schulpädagogik, aber diese erforscht keine konkreten Handlungsprozesse

1. „Theorien fallen nicht vom Himmel"

1.1 Schule als Handlungseinheit

- 5 schulische Handlungsebenen vom Mikrobereich zum Makrobereich: *direkte Lehrer-Schüler-Interaktion, schulinterne Handlungsverbände, Einzelschule als Handlungseinheit, Schulen als Bestandteil des Bildungssystem & das Bildungssystem als Subsystem des Gesellschaftssystems*
- Kriterium der Zuordnung = Umfang der erfassten Handlungsprozesse (bei Reflexionsebenenmodell war es die Nähe und Ferne)
- Theorie schulischen Handelns auf dritter Ebene angesiedelt
- Schule ist Handlungseinheit, die autonom eine Entwicklungsdynamik entwickelt und individuelle Abwehrmechanismen & Öffnungssehnsüchte hat = eigene „Philosophie"

1.2 Eine Zeichnung: Burg mit offenen Mauern

- Schulisches Handeln entfaltet sich im Regelkreis von Aufgaben-/Problemstellungen, Handlungsprozessen, Lösungen/Wirkungen und der Neufromulierung der Aufgaben und Problemstellungen
- Pädagogischer Ethos als sozialer Kit, der die Schule und Handlungsfelder zusammenhält
  → umfasst Normen und berufliches Selbstverständnis der Lehrenden, sowie Rollenverständnis der SuS
- Handlungsfelder sind „Medium" in dem und durch das gehandelt wird
- Theorie schulischen Handelns will Fragestellungen der Schulpädagogik bündeln, Handlungsprobleme der Schule an sich und alle Handelnden formulieren(nicht zu beantworten!)→keine zeitlose Gültigkeit, sondern Konstrukt, das kritisiert und weiterentwickelt werden kann

(s. Abb. 2.3 „Handlungsfelder und –prozesse)

2. Handlungsfelder

2.0 Handlungsfelder und -prozesse

- Handlungsfelder und Prozess als Kreisel zu verstehen, der durch eine Person angestoßen wird
- Handlungsfelder stehen in nicht aufhebbarer Wechselwirkung zueinander
- Konstituieren gemeinsam den Handlungsprozess
- Drei Arten der Wechselwirkung hier möglich:
  o **Synergie**: alle Felder strukturell passend, ergänzen sich gegenseitig und multiplizieren ihre Wirksamkeit
  o **Reibungsverluste**: nicht alle Felder gut abgestimmt, einige senden Störfeuer
    →Reibung entsteht, die unproduktiv oder durch Fehler und Widerstände auch produktiv wirken kann
  o **Lähmung**: totaler Widerspruch unter den Feldern hinsichtlich einer Maßnahme
    →keine zielgerichtete Handlung der Schule mehr möglich
- „Bettdecken-Dilemma": alle Bereiche müssen eigentlich beachtet werden, aber oft nicht möglich bei gleichbleibend kleiner Ressourcen

(s. Abb. 7.2)

2.1 Beziehungsregeln(1/7)

- Legen fest, wer wann wo und wie miteinander interagieren darf
- Einhaltung wird belohnt, Verstoß bestraft in schuleigenem Sanktionssystem (positiv und negativ)
- Festgelegt durch Einzelpersonen oder der Institution an sich
- Anerkennung der Regeln ist „Schmieröl" für den Schulbetrieb
- Ausformung dieser Regeln schafft Schichtung (hierarchisch oder gleichberechtigt)
- Beziehungsstrukturen „klopfen" sich mit der Zeit fest und werden so kalkulierbar für alle

- Beziehungsregeln sind so auch oft ritualisiert →unterteilbar in Herrschaftsrituale und demokratische Rituale(=sichern Beteiligungs- und Abgrenzungsrechte für die Angehörigen)
- Rituale bei offener werdenden Schulen sehr wichtig, ermöglichen feste Formen und Verhaltenssicherheiten

2.2 Zeiten (2/7)

- Neben Liebe wichtigstes Kapital der Schule
- Wird inszeniert →rigide durch Personen, Regeln oder Fremdbestimmung oder offener
- Über Zeit kann man auch Gesamtgeist der Schule erkennen: Gibt es einen Zeitplan an den sich alle halten?! Können SuS ihn teilweise selbst gestalten? Gibt es Zeitkämpfe, Antizeitler wie notorische Zuspätkommer etc.?
- Auch hier Wechselwirkung beachten→individuelle Zeitplanung erfordert Strenge bei der Raumregie um Chaos zu vermeiden
- **Zwischenbemerkung:** Es gibt zwei Dimensionen der Handlungsfelder. Einerseits die Oberflächenstruktur, welche offizielle Handlungen (="feierlich erklärte") beinhaltet und die Tiefenstruktur, welche latent Vorhandenes, Routinen etc. umfasst →Beobachtung der Tiefenstruktur für Außenstehenden sehr schwierig

2.3 Räume (3/7)

- Oberflächenstruktur der Räume oft sehr komplex
- Sind teilweise wie Reviere
- Werden oft durch Statussymbole, wie z.b. einen großen Schreibtisch, markiert
- Bei wenigen Statussymbolen werden häufig Schlachten um die Nutzungsrechte ausgetragen→ Räume werden zu MACHTFRAGEN
- Gestaltung der Räume elementar für Erfolg in der Schule →sollen funktional, aber auch gepflegt und gemütlich gestaltet werden
- Lehrende müssen Räumen pädagogische Dimension abgewinnen, denn die Schule erzieht als pädagogisch gestaltete Lernumwelt
- Gute Schule erkennt man an vernünftiger Raumregie
- Schule sollte Teilautonomien über Bereiche verteilen und nicht versuchen die Gesamtkontrolle über eine große Einheit zu wahren →schafft „Ownership" für SuS und Lehrer
- **Zwischenbemerkung:** Handlungsfelder und Schule haben ästhetische Dimension
- **DIMENSIONEN** werden vom Handeln der Schulangehörigen und teilweise Außenstehender verlebendigt
- Dimensionen legen sich wie „zweite, dritte oder vierte Haut" über Handlungsprozesse

2.4 Ressourcen (4/7)

- Bezeichnet alle Lehr-Lernmittel, Materialien, Geräte,etc., die verwendet werden, um den Bildungsauftrag besser auszuführen
- 5 Arten nach dem Verwendungszweck:
  - o Lehr-Lernmittel = Ermöglichung und Erleichertung der Lehre
  - o Informationssysteme = Rationalisierung der Entscheidungsprozesse und Verwaltungsprozeduren
  - o Technische Geräte = Herstellung der Bewohnbarkeit (Heizung....)
  - o Kunstgegenstände = Inszenierung von Gemütlichkeit

o Finanzmittel = reflexive Mechanismen
- Lehrer wissen oft nicht was die Ressourcen ihrer Schule sind
- These: *Wichtigste Ressourcen der Schule sind Fantasie und Improvisationstalent beim Umgang mit Ressourcen*

2.5 Programme (5/7)

- Def.: **Umfasst alle bewusst gesetzten Handlungspläne einer Schule, durch die der Schulbetrieb gesteuert wird**
- Unterscheidung in *offiziell-schriftlich fixierte Pläne*(Lehrpläne, Finanzbudgets, Schulbücher Schulgesetz, etc.) und *nicht-schriftliche Handlungspläne* → sind Teil der subjektiven Theorien beim Handelnden(Wusnchkonzepte, taktische Absprachen in Fraktionen eines Kollegiums, Vereinbarungen von Schülern, Betriebswissen der Experten)

2.6 Inszenierungen (6/7)

- Mit Ihnen werden Programme umgesetzt→ = **Umsetzung eines Handlungsplanes in einen Handlungsprozess**
- Eine der wichtigsten Fragen für eine handlungsorientierte Schulpädagogik!!
- Schule ist Bühne für solche Inszenierungen des Schullebens
-
- Fragen:
  o Was bedeutet Inszenieren(1)?
  o Wie inszeniert man(Sprache)(2)?
  o Wo wird inszeniert(3)?
  o Was sind Lehr-Lerninszenierungen(4)?
  o Was machen Lehrer dort konkret(5)?
  o Gibt es Muster(6)?
  o Welche Techniken werden bei Inszenieren angewandt(7)?
- (1) **Der Inszenierungsbegriff:**
  - Was sich in Schule abspielt nicht vorgegeben, es wird hergestellt/inszeniert
  - Ist die Produktion des Schullebens
  - Haben Anlass und Zweck, der sich aus den Kontexten ergibt
  - Verlebendigen das Sinnangebot von Schule
- (2) **Symbolisierungsformen:**
  - Durch Sprache (Verbal- und Körpersprache)
  - Wird gebraucht um Sinnangebot der Inszenierungen zu verstehen
- (3) **Organisationbereiche:**
  - Inszenierungen dienen in verschiedenen Bereichen unterschiedlichen Zwecken und laufen damit auch anders ab
  - Wichtigster Bereich = Lehr-Lerninszenierungen
  - Organisationbereiche sind z.B. Leiten einer Schule, Tadeln und Loben, Feste/Feiern
- (4) **Lehr- und Lerninszenierungen**
  - Benötigen Bühne, Bühnenbild und Requisiten (Raum, Zeit, Lehrmittel, Einrichtung)
  - Wechselnde Rollen von Regisseur, Akteur und Zuschauer benötigt
  - Sind zielgerichtet, haben definierten Anfang, Handlungsbogen und erkennbaren Abschluss
- (5) **konkrete Tätigkeiten**
  - Akteure...unterrichten/lassen sich belehren, führen Gespräche, beurteilen/lassen sich beurteilen, beraten/werden beraten, planen, organisieren, verwalten, räumen auf/um

- **(6) Inszenierungsmuster**
  - „Bilder im Hinterkopf", welche uns beim Inszenieren und der Deutung derer anleiten
  - Steuern das faktische Handeln
  - Beispiele:
    - o *Das Museum(SuS ehrfurchtsvoll und staunend unbeteiligt),*
    - o *Kaltes Buffet(buntes Angebot ohne einigendes Band),*
    - o *Die Faktenschleuder(Lehrende reden und reden wissenschaftsorientiert –Friss oder Stirb-Mentalität bei SuS setzt ein),*
    - o *Der Lehrgang (abgeschwächte Variante der Schleuder, wichtiger Bestandteil ergänzt mit Freiarbeit & Projektarbeit),*
    - o *Internet School (alles auf Internet basierend), Werkstatt(gemeinsame Arbeit von Lehrern und Schülern) ,*
    - o *Die Polis(Diskussion existenzieller Themen zwischen L. und SuS),*
    - o *Der Marktplatz(Einigung das Bildung öffentlich ist, alle beteiligt),*
    - o *Expedition ins Ungewisse(Unbekanntes wird für alle spannend),*
    - o *Selbsterfahrung und Meditation(Übungen der Stille und Selbstfindung werden Element der Schularbeit)*
    - →sind alle offiziell!
  - Inoffzielle Handlungsmuster:
    - o *Die „Gefängnis-Schule",*
    - o *Die „Lust- und Laune-Schule(jeder kann tun und lassen was er will, Lehrer ignorieren Erziehungsauftrag, keiner weiß was das alles soll),*
    - o *Die „Action-and-fun-Schule"(alles handlungsorientiert, ständig wird neues gemacht, Sinnfrage auch schwierig)*
  - Inszenierungsmuster legen fest wo und wann etwas stattfindet
  - Beschreiben Aufmerksamkeitshorizont
  - Enthalten Zielrahmen der auszuführenden Tätigkeiten
  - Prägen Stil der Kommunikation
  - Ohne sie würde Kontingenz an Verhaltensweisen die Organisationsstruktur zusammenbrechen würde
  - →Muster reduzieren Komplexität durch Steuerung der individuellen Handlungen und durch Deutung dieser und der Reaktion anderer
- **(7) Inszenierungtechniken**
  - Beschreiben kleinste Sinneinheiten in Handlungsprozessen(Impulse, Kniffe, Gesten, etc.)
  - Zählen zur Mikromethodik
  - Bringen Lernprozess in Gang oder halten ihn am Leben
  - DEF.: **kleinste, als Sinneinheiten identifizierbare Methoden zielgerichteten Handelns, mit deren Hilfe ein Handlungsplan inszeniert wird**
  - Methodisch aufgelockerter Unterricht durch Wechsel von Symbolisierungsformen gekennzeichnet→langweilig, wenn nur zwischen Mündlichkeit & Schriftlichkeit gependelt wird
- **(8) Funktionen**
  - Steuern eigenes Handeln, helfen anderes und Reaktionen zu deuten
  - Verlebendigung des Sinnangebots
  - Schulalltag wird durch feste Inszenierungsmuster berechenbar und macht so Platz für neue Inszenierungtechniken → somit für Weiterentwicklung der Institution Schule notwendig

(s. Abb. 7.6 „Schule als Bühne")

2.7 Rückmeldungen

- Jegliche Form der Bewertung, der am Schulleben beteiligter Personen
- Müssen in irgendeiner Form materialisiert worden sein (>dumpfes Gefühl keine RM)
- Erfolgen auch in Symbolisierungsformen (mdl., schriftl., körpersrpachlich) + laut/leise + ritualisiert
- Unterscheidung in Eigen- und Fremdbewertung
- Eigenbewertungen schaffen Schulklima
- Bewertungen von außen(durch Schulaufsicht, Stammtische, Zeitungsberichte, etc.) schaffen Image

2.8 Übungsaufgabe Seite 280

1. Pädagogisches Ethos

- Ethos = Grundbestand gemeinsamer Überzeugungen, die das Zusammenleben regulieren
- = in sich stimmige, pädagogische Grundstruktur, pädagogischer Takt, Streitkultur & Inszenierungsmuster
- Ethos der LehrerInnen: ethische Normen des Zusammenlebens, pädagogische Normen, demokratische Grundorientierung bei Konflikten
- Ethos des SchülerInnen: Wir-Gefühl, Arbeitstugenden, Selbstständigkeitswille, Identifikations mit Schule
- SuS immer auch Subjekte der Schule und nicht nur Objekte
- Komplexes Gebilde Schule kann nur funktionieren, wenn die Mehrheit sich an professionellen pädagogischen Standards orientiert und alle dem Wir-Gefühl verpflichtet sind(="corporate identity")

2. Handlungsrahmen

3.1 Aufgaben und Probleme

- Unterscheidung in Standard- und Entwicklungsaufgabe
  - o Standard= SuS tüchtig machen und zu selbstbestimmten, leistungsfähigen Individuen der Gesellschaft erziehen
  - o Entwicklung = Schulprofil entwickeln, Öffnung gegenüber Umfeld, Teilautonomie praktizieren(geboten von Schulaufsicht)
- Probleme werden unterschieden nach Herkunft
  - o Von außen = Personalverringerung/Ressourcenverschlechterung, fehlende Quaifikation für neu Aufgaben von außen, Abschlussentwertung
  - o Von Innen = schlechte Kommunikationsstruktur, Beziehungskrisen, Kompetenzdefizite der LehrerInnen, mangelnde Teamfähigkeit, fehlender Mut für unkonventionelle Lsg.
- Umfang beider übersteigt fast immer Problemlösefähigkeiten der Schule
  →Aufgabentrasnformation daher wichtig
- FORMEL: SuS haben Lernaufgaben, Lehrer Lehraufgaben und Schulen Entwicklungsaufgaben

3.2 Lösungen und Wirkungen

- Aufgaben, Lösungen und Probleme sind Deutungskonstrukte der Beteiligten→daher Unterscheidung in Wirkungen und Lösungen wichtig
- Erstere treten ein, ob man will oder nicht und zweitere werden herbeigeführt
- Fülle der Aufgaben führt dazu, dass das Lösen der an sich gelehrt werden muss und nicht jede Aufgabe selbst (Lernen lernen oder Organisieren organisieren im Sinne der Gesamtschule)
- These: Je mehr Aufgabenstellung ein System bekommt, desto autonomer muss es handeln dürfen→ nicht bürokratisch steuern, sondern demokratisch leiten

3.3 Grenzen

- Helfen die Handlungsbreite der Schule einzuschränken und auch das hineinregieren der Gesellschaft zu verhindern
- Beteiligte können Grenzen verändern, da diese nicht unverrückbar sind
- Vorgegebene, harte Grenzen:
  - o Ressorucen
  - o Bildungsauftrag einer Schulform
  - o Schulpflicht juristisch definiert und staatlich sanktioniert, Beschränkung „bürgerlicher Freiheiten für die Angehörigen der Schule
  - o Schulaufsicht
  - o Beamtengesetz
  - → Aber nicht immer eindeutig und opportunistisch angelegt
- Selbstgesetzte Grenzen:
  - o Form des Personaleinsatzes
  - o Unterrichtsorganisation
  - o Umfang der Elternbeteiligung
  - o Intensität der Kontakte zur Schulaufsicht

- Grenzen zwischen Schule und Gesellschaft doppelbödig → gezogen um gesellschaftl. Subsysteme von Störungen durch das Lernen freizuhalten & gleichzeitig offen um die Qualität von schulischem Lernen zu erhöhen
- „Leben muss draußen bleiben, weil das Lernen eine gewisse Ruhe und Ungestörtheit erfordert"
- Schule holt befristet und kontrolliert Leben in Schule hinein = „doppelte Künstlichkeit"

(s. Abb. 8.8 „Schulinterne und gesellschaftliche Funktionen von Schule")

Zusammenfassung Kapitel 7

Theorie schulischen Handelns ist ein Konstrukt→ Handlungsfelder des schulischen Handelns sind Konstrukte, um sie beobachten und beurteilen zu können

Die Theorie hat analytischen Charakter→ Beschreibung der Aufgaben & Lösungsperspektiven und Auflistung der Handlungsfeldergibt noch keine Perspektive in welche Richtung sich Schule weiterentwickeln sollte

Diese Theorie schulischen Handelns liefert nur idealtypisches Modell des Aufbaus von Handlungstrukturen → Dreischritt Problem-Aufgabe-Lösung nicht imemr vorhanden (muss man sich bewusst machen

Theorie muss um eine Mikropolitik der Schule ergänzt werden→ Theorie schafft Klarheit über vielfältige Vernetzung des Handelns der Beteiligten und einzeln mit dem System; ABER keine Antwort auf Sinnfrage, warum sie nicht für die Deutung von Handlungsmotivationen geeignet ist

Kapitel 8: Funktionen der Schule

1. Funktionsbegriff

1.1 Zur Unterscheidung von Ursachen, Aufgaben und Funktionen

- Vielfältige Aufgaben wie Kulturtechniken vermitteln, raum zum Wohlfühlen geben, Erziehen, etc.
- Man muss in tatsächliche Maßnahmen & Wirkungen("unterhalb") unterscheiden und „oberhalb" der Handlungsträger liegende Funktionbeziehungen der Schule als System unterscheiden

Systemebene	Schule als System -> Funktionen	Funktionale Beziehungen
Subjektebene	Aufgaben-> Lösungen	Finale Beziehungen
Stoffwechselebene	Ursachen->Wirkungen	Kausale Beziehungen

- Bezug auf Reflexionsebenenschema
- Zur ersten Ebene:
  - o Ursachen und Wirkungen liegen vor/Tatsachenfeststellung →zuständige Wissenschaft ist die Schul- und Unterrichtsforschung,
  - o Form ist kausal
  - o weil-Sätze werden produziert
- Zur zweiten Ebene:
  - o Aufgaben werden erteilt/ selbst gesetzt, Lösungen angestrebt, begrüßt oder abgelehnt
  - o Menschen hier formulieren Soll-Sätze und verantworten sie auh
  - o Form ist interaktiv
  - o Charakter ist final/ auf Ziele orientiert
  - o Wissenschaft ist Schulpädagogik/Didaktik als HW
  - o Damit-Sätze
- Zur dritten Ebene:
  - o Schule als System hat oder erfüllt Funktionen, die aus Bedarf hervorgehen
  - o Form funktional/systemisch
  - o Wissenschaft ist die Schultheorie
  - o Indem-Sätze
- Beispielsatz „ Schule dient der Erziehung und Unterricht."
  - o 1. Indem SuS zur Schule gehen, werden sie erzogen und unterrichtet
  - o 2. Damit die SuS unterrichtet und erzogen werden, erhalten sie zu lösende Aufgaben und werden zum Lernen angehalten

- 3. Weil die SuS fleißig gelernt und am Schulleben teilgenommen haben, sind sie gut unterrichtet & und erzogen worden
- 1. = Funktionshypothesen, 2. = Aufgabenkonzepte, 3. = Wirkungshypothesen

1.2 Zur Unterscheidung von Ursachen und Wirkungen

- Drei Typen von Ursachen im schulischen Kontext:
  - Einzelne Entscheidungen oder Maßnahmen einer LehrerIn
  - Maßnahmen von Schulangehörigen oder anderen, die außerhalb des Unterrichtes getroffen werden, aber diesen beeinflussen
  - Faktoren, die durch das natürliche und soziale Umfeld der Schule bedingt sind
- Wirkungshypothesen sin Hypothesen über Ursachen und Wirkungszusammenhänge →klingt einfach, ist es aber nicht
- Viele Unwägbarkeiten müssen miteinbezogen werden – nicht eine Ursache und eine Wirkung möglich
- Viele Ursachen und Wirkungen die auf einen Handlungsknoten einwirken und aus diesem entstehen
- U & W sind Konstrukte
- Meist viele Ketten miteinander verbunden (Komplex-Ketten)
- In Schule kommt die Entscheidungsfreiheit der einzelnen Subjekte dazu → sie lockert den Handlungsknoten auf und vermischt kausale mit finalen Beziehungen

1.3 Zur Verknüpfung von System und Funktion

- Oberste Ebene schwer zu erfassen, denn nur Konstrukt
- Schule entwickelt „funtionale" Binnendifferenzierung und hat aber auch Außenfunktionen, die das Verhältnis des Subsystems Schule zu anderen Subsystemen und der Gesellschaft an sich beschreiben
- Für Funktionsbeziehungen, wie hier der Fall, haben subjektive Theorien der Angehörigen keinen Einfluss
- Fazit: *Funktionshypothesen sind keine Bedienungsanleitungen für die stromlinienförmige Planung von Aufgabenkonzepten, sondern Deutungsmuster für die Erklärung des Verhältnisses von Schule und Gesellschaft*

2. Grundfunktionen der Schule

2.1 Parabel von der Entstehung des allgemein bildenden Schulwesens in der Zwischeneiszeit

- Schule ist Erfindung und konstruiert, um mehrere Funktionen zu erfüllen
  - Dient der Ausbildung der heranwachsenden Generation in Kenntnissen und Fertigkeiten
  - Hilft die Kultur und Traditionen einer Gesellschaft am Leben zu erhalten
  - Holt Kinder von der Straße und sorgt für „vernünftige" Beschäftigung
  - Dient der polit. Disziplinierung und Loyalitätssicherung
  - Intelligente SuS lernen schnell das Lernen (Selbständigkeit)
  - Erworbene Kritikfähigkeit wird auf eigene Gesellschaft hin angewandt
    → dienen der Reproduktion der Gesellschaft

2.2. Erste Grundfunktion: Reproduktion und Weiterentwicklung der Gesellschaft

- Schulen sorgen dafür, dass immer neue Menschen einer Generation die Gesellschaftsmaschinerie in Gang halten können (Beruf, Schriftverkehr, Waren- und Geldstrom lenken, Maschinen der Industrie bedienen können, etc.)
- Schulen sorgen dafür, dass der kulturelle Traditionszsh. Nicht abbricht und Normen/Institutionen/ Philosophien/Rituale etc. am Leben gehalten werden
- Schleiermache 1826: *„tüchtig machen für die Gesellschaft"*
- Nicht als pure Instruktion verstehen, denn funktioniert nur, wenn System bejaht wird und die Traditionen verlebendigt worden sind(schließt Weiterentwicklung ein)

2.3 Schulische Sozialisation

- Verinnerlichung bestehender Traditionen einer Gesellschaft = SOZIALISATION
    - Wesentlicher Anteil liegt bei Schule
- **Schulische Sozialisation ist der Prozess der Entwicklung der Schülerpersönlichkeit durch die in der Schule ablaufenden Prägungen und Entwicklungsprozesse (Hurrelmann)**
- Bedeutet nicht nur Anpassung an soziale Normen und Zwänge → darum sprechen manche von „Enkulturation"
In welchen Teilbereichen findet Schulsozialisation statt???
    - (1) **Qualifikation:** Vermittlung von Sach- und Fachkompetenzen, Sozialkompetenz, Sprach- und Kritikfähigkeit
    - (2) **Selektion:** Statuszuweisungen nach erreichten schulischen Leistungen, Begriff muss nüchtern gelesen werden
    - (3) **Integration:** bloße Ertüchtigung und Ausgucken des Tüchtigsten reicht nicht aus->sozialer „Kitt" wird benötigt (je dynamischer die Gesellschaft, desto wichtiger dieser Punkt)
- Zwei Arten von Funktionen im schulischen Kontext....
1. Schulinterne Funktionen
2. Gesellschaftliche Funktionen
→ Erstere bedingen die Zweiteren

2.4 Zweite Grundfunktion: Aufwachsen in Menschlichkeit

- Schule nicht nur Lernort, sondern auch **Lebensort** (1/5-1/6 der Lebenszeit der Schüler, 2/3 der Lehrer)
- SuS wollen sich wohlfühlen und LehrerInnen einen humanen Arbeitsplatz
- Heutige Schule genügt dem mehr schlecht als recht
- Bevor an Reproduktion der Gesellschaft gedacht werden kann, muss diese Aufgabe erfüllt werden → = **„Humanfunktion"** der Schule
- Schule hält Gesellschaft frei von störenden Lernern und schützt Lerner vor Unbilden der Gesellschaft (früher Unterernährung, Hygienemangel, u.a.)
- Heutige Humanfunktionen:
    - Bühne für ästhetische Inszenierung der Person
    - „Erlebnismarkt" Schule
    - Schule als Sozialstation
    - Schule kümmert sich um physisch und psychisch Kranke
- Gegenwirken, Behüten, Pflegen, Beschäftigen, ästhetisches Gestalten als Dimensionen der zweiten Grundfunktion

2.5 Huckepackfunktionen

- Ergeben sich nicht aus Bildungsauftrag
- Schule als Wirtschaftsfaktor (schafft Arbeitsplätze und ist Investitionsort)
- Ökologische Bedeutung von Schulen
- Kulturträger
- Grundlage für sozialen Aufstieg bei Lehrern

2.6 Schule der Zukunft: Ein Dienstleistungsträger?

- Bedeutung der Schule wird zunehmen
- Weiterentwicklung ähnlich wie in den USA → soziale Dienstleistungen werden zum Teil des Programms→erhöhen Attraktivität

    → Grundfunktionen und Teilfunktionen können in Widerspruch zueinander geraten (Bsp.: Selektionsfunktion vs. Qualifizierungsfunktion)
    → Aufgabe der Massenloyalitätssicherung kann in Widerspruch zum berufl. Selbstverständnis der Lehrperson geraten
    → Behütefunktion kollidiert mit Erziehung zur Selbstständigkeit

3. Der historische Wandel der Funktionen von Schule

3.1 Wandel der Schulkultur

- Schulische Umgangsformen sind demokratische und offener geworden (Kasernenhofton wurde durch patriarchalischen Ton ersetzt)
- Frontenbildung zw. Lehrern und Schülern aufgeweicht durch andere Unterrichtsmethoden
- Umgang erträglicher, aber auch Beziehung komplizierter
- Wandel von Brüll- und Schreischule hin zur Aktions- und Erlebnisschule

3.2 Gesellschaftliche Bedingungen des Funktionswandels

- Gesetzmäßige Beziehungen zwischen Entwicklungsstand der Gesellschaft und Zustand der Schulen

Acht Argumentationsschritte zur Erklärung

1. „Gesellschaft" ausdifferenzieren (soziokulturelles System, ökonomisches System und Staat)
2. Schulen eigentlich im ersteren, aber je häufiger der Staat eingriff, desto mehr wurde Schule zum Bestandteil des administrativ-politischen Systems
   →wanderte über die Jahrhunderte in die Hand des Staates **heute:** noch mit einem Bein im sozio-kulturellen System, aber hauptsächlich durch Staat für Bestandsinteressen und Steuerungsaufgaben „funktionalisiert" (Subsystem-Zwitter)
3. Gesamtverantwortung des Staates über Schule und über „Standort Deutschland" bringt zusätzliche, nicht ursprünglicher Aufgaben, mit sich
   a. Instrument der Arbeitsmarktpolitik (Ausbildungszeiten länger zur Entlastung)
   b. Schullaufbahnen offener
   c. Schulen können zum „cooling out" missbraucht werden (Weiterreichung ohne wirkliche Perspektive, sodass ihre Eigenansprüche sinken beim Verharren)
   d. Vermittlung von Norm- und Wertorientierungen und „soziale Reparaturdienste"

4. Schule überhaupt in der Lage für so viele neue Aufgaben? → Grenzen der Belastbarkeit sind ungeklärt
5. Staat vorbereitet Reform des Schulwesen hinsichtlich neuer Aufgaben vorzunehmen? → ökonomische Ressourcen vorhanden, aber fehlender politischer Wille
   → Auch sind gesamtgesellschaftliche Entwicklungen sind unübersichtlicher → vorausschauende Planung für Schulentwicklung schwierig
6. Sinn praktischen Handelns kann nicht administrativ erzeugt werden (wird nicht mehr zugelassen)- ->fehlende Legitimationsgrundlage des Staates
7. Keine Prognosen über Zukunft machbar →keine klare Vorgaben die vom Staat für Schule gemacht werden (THESE: je dynamischer die Gesellschat, desto unwichtiger werden staatliche Lehrpläne und umso größer muss die relative Autonomie der Schule werden)
8. Eigene Stärke und Würde der Schulen → muss nicht „Ellenbogenmentalität" der Gesellschaft übernehmen/Ort der Humanität, kann angetragenen Unsinn pädagogisch neu bewerten und muss ihn nicht in die Programmatik aufnehmen
   Die Gewährung einer relativen Schulautonomie ist kein Gnadenakt des Staates, sondern eine durch den Modernisierungsschub der Gesellschaft verursachte strukturelle Notwendigkeit

3.3 Modernitätsrückstand der Schule – Vorwegnahme der Zukunft

- Schulen können sich von Entwicklungsstand des polit., ökon. Und kulturellen Lebens entfernen
- Können im Stand der Entwicklung hinterherhinken, aber so auch gleichzeitig vorpreschen
- Es gibt keine lineare, sondern nur „multidimensionale" Abhängigkeit und Freiräume

4. Pädagogische Funktionen von Schule

4.1 Dritte Grundfunktion: Freisetzung des Menschen zu sich selbst

- Thema der Pädagogik ist Erziehung, die Menschen im Zustand der Unmündigkeit antrifft
- Ziel der Pädagogik liegt in der Freigabe des Erzogenen (Emanzipation→kann nur von einem selbst ausgehen, Anordnung dessen ist Widerspruch in sich)
- Mündigkeit ist die Endstufe der Emanzipation (auch vom Erzieher)
- Erziehung zur Mündigkeit kann nur in Schulen mit relativer Autonomie gelingen → verlangt mehr als vorgegebene gesellschaftl. Funktionen

(s. Abb. 8.11 „Bildungsfunktion")

4.2 Bernfelds Kontrapunkt

- Frage nach der Bewältigung der Emanzipationsfunktion von Schule muss gestellt werden
- Viel zu viele verschiedene Köpfe in Schule
- Schon die Tatsache, dass Schule erzieht sei gegen das Credo der Selbstständigkeit

4.3 Die Widersprüchlichkeit der Schule

- Widersprüche von denen Schule lebt:
  - **Die gesellschaftliche Aufgabenzuweisung ist ambivalent** (Reproduktion der Gesellschaft nur durch Weiterentwicklung möglich)
  - **Lehren und Lernen sind dialektisch und d.h. widersprüchlich aufeinander bezogen** (strukturelle Gewalt wird ausgeübt, aber mit Liebe und Eigenrecht des Einzelnen verbunden)
  - **Das Verhältnis von Schule und Leben ist von doppelter Künstlichkeit** (Schule muss sich abschotten, kommt aber nicht umhin, es in pädagogischer Absicht wieder hineinzuholen
  - **Der Bildungsauftrag der Schule schafft ein dialektisches Verhältnis von Vergangenheit, Gegenwart und Zukunft** (Schule lebt von der Verlebendigung von Traditionen, aber tut dies, um die Zukunft für Heranwachsende vorwegzunehmen)

(s. Abb. 8.12 „Grundfunktionen der Schule)